ÉLOGE

DE

M. PIRON.

ÉLOGE

DE

M. PIRON,

Lu à la Séance publique de l'Académie de Dijon, du 23 Décembre 1773, par M. Perret, Avocat, Secretaire perpétuel pour la partie des Belles-Lettres.

A DIJON,

Chez L. N. FRANTIN, Imprimeur du Roi.

Et ſe vend,

A PARIS, Chez PISSOT, Libraire, quai des Auguſtins.

M. DCC. LXXIV.

AVEC APPROBATION.

ÉLOGE
DE M. PIRON.

ALEXIS PIRON, Pensionnaire du Roi, Académicien honoraire de l'Académie de Dijon, naquit en cette Ville le 9 Juillet 1689. Il étoit fils d'Aimé Piron & d'Anne Dubois, fille de *Jean Dubois*, Sculpteur d'un ordre distingué.

Cet Artiste célebre, sur-tout dans sa Patrie, s'attacha constamment à l'enrichir par plusieurs monumens précieux : il doit être placé parmi les Grands Hommes que la Ville de Dijon s'applaudit d'avoir vu naître dans son sein; ses talens, ses ouvrages, son patriotisme, forment les titres qui justifient les suffrages de ses Concitoyens (1).

Tel fut l'aïeul maternel d'Alexis Piron;

---

(1) Voyez la Bibliotheque des Auteurs de Bourgogne, page 184; Dubois refusa de rester à Paris, où il avoit été mandé en 1688, pour faire le buste de M. le Chancelier Boucherat.

ſon pere ne ſe diſtingua pas moins parmi ſes Compatriotes.

Il mérita leurs ſuffrages par différentes pieces de vers, remplies d'idées fines & ingénieuſes, ſouvent fortes & ſublimes, toujours rendues avec des expreſſions pitoreſques & aſſaiſonnées de ce ſel piquant que leur communique l'énergie naïve du langage Bourguignon (1).

Ce fut preſque le ſeul qu'Aimé Piron employa pour compoſer un grand nombre de Noëls (2), dont le ſuccès ne fut obſcurci que par ceux du fameux de la Monnoye, qui s'exerça dans le même genre : ce Poëte le porta au dernier point de ſupériorité (3).

Si nous ſuppoſions qu'un Homme de Lettres eût beſoin d'une illuſtration différente de celle qu'il puiſe dans ſes Ouvrages,

---

(1) « Les Noëls Bourguignons furent ſon travail périodique & conſtant; il en publia *tous les Avents*, pendant » vingt-cinq ou trente années ». Biblioth. de Bourgogne, tome 2, *aux additions*, page 12. Année Littéraire, n°. 7, année 1773, page 96 & ſuiv.

(2) On prétend qu'il compoſa quelques Poéſies en François; celles qu'on lui attribue ſont très-inférieures aux pieces qu'il rédigea en langage Bourguignon.

(3) « Ce fut Aimé Piron qui engagea M. de la Mon» noye, dont il fut ami *pendant quatre-vingt ans*, à com» poſer les Noëls qu'il mit au jour & qui ont été imprimés » pluſieurs fois ». L'Auteur du Supplément de Moréri dit » qu'on regarde ces Noëls comme un chef-d'œuvre d'eſprit». Voyez la Bibliotheque des Auteurs de Bourgogne, aux mots *de la Monnoye* & *Aimé Piron*.

nous dirions que l'origine d'Alexis Piron étoit considérable ; elle le fut en effet, en la jugeant sur le mérite de ses peres : le talent, après la vertu, n'est-il pas la vraie grandeur personnelle ? Mais bornons-nous à dire avec lui qu'un Poëte peut, sans chercher un éclat étranger,

Des titres du Parnasse ennoblir sa mémoire (1).

Piron a réalisé cette idée, quoique son pere eût fait les plus grands efforts pour l'en faire changer. Son goût pour la Poésie resta victorieux dans tous les combats que sa famille & la fortune livrerent à son penchant : parcourant ensuite successivement les différens genres de versification, il fut applaudi dans tous, & se plaça à côté des plus grands Maîtres : généralement admiré par ses talens, il fut estimé par les qualités du cœur, les plus précieuses & les plus rares.

I.

Aimé Piron, qui n'attachoit à la Poésie qu'une importance très-subordonnée aux devoirs de son état, vit avec chagrin que son fils ne jetoit pas sur elle un coup d'œil aussi détaché (2).

---

(1) Acte 3, scene 7 de la Métromanie.
(2) Voyez la Préface de la Métromanie, p. 217 & suiv.

A peine Alexis Piron eut-il terminé ſes premieres études, qu'il parut livré à cette eſpece de tranſport poétique que *Damis* laiſſe éclater avec tant d'éloquence & de nobleſſe dans la *Métromanie* (1); ſourd aux conſeils, aux repréſentations, aux inſtances de ſon pere, il ne fut point ému par les deſcriptions pathétiques des dégoûts, des inconvéniens, des dangers attachés au genre de vie qu'il s'obſtinoit à choiſir, & dont ce Poëte a formé les principaux ornemens du rôle de *Baliveau* (2).

Les menaces, les perſécutions même, des traitemens rigoureux ne l'ébranlerent point (3); perdant de vue la médiocrité de ſa fortune, il fixa conſtamment ſes regards ſur les lauriers qu'il eſpéroit de cueillir un jour au ſommet du Parnaſſe; il reſta perſuadé qu'ils pouvoient ſeuls l'élever & lui tenir lieu de richeſſes.

C'eſt ce qu'il a exprimé dans quatre vers dignes des applaudiſſemens qu'ils ont reçus.

Que la Fortune donc me ſoit mere ou marâtre,
C'en eſt fait, pour Barreau je choiſis le Théatre,
Pour Client la Vertu, pour Loix la vérité,
Et pour Juge mon ſiecle & la poſtérité (4).

---

(1) Acte 3, ſcene 3 de la Métromanie.
(2) Acte 3, ſcene 7 *ibid.*
(3) Page 210 & ſuiv. de la Préface de la Métromanie.
(4) Scene 7, Acte 3 *ibid.*

Il feignit néanmoins de se plier aux volontés de son pere, en s'arrêtant à un objet de travail étranger à la Poésie; mais s'il déroba quelques instans aux Muses, pour les donner à l'étude du Droit, il sut se ménager en secret le plaisir de céder au goût prédominant qui le subjuguoit.

Livré aux saillies d'une imagination exaltée par la lecture des Poëtes classiques, par l'exemple & par les succès de son pere; enflammé par le feu poétique qui commençoit à le consumer; animé par le bruit flatteur de ses premiers essais, comment Piron auroit-il pu prêter une oreille attentive & soumise aux remontrances paternelles? Tout sembloit concourir à en diminuer & même à en détruire l'impression.

Il vivoit à Dijon, que l'on cite (1) comme une Ville féconde *en Savans du premier ordre, en Littérateurs habiles, en Hommes de génie* (2). Piron entendoit continuellement retentir leurs louanges autour de lui: on vantoit leurs Ouvrages comme des chef-d'œuvres qui décorent, non-seulement les fastes littéraires,

---

(1) Année Littéraire, n°. 7, année 1773, p. 96 & suiv.

(2) Les Saumaise, les la Monnoye, les Nicaise, les Bossuet, les Fevret, les de la Mare, les Dumay, les Bouhier, les Crébillon, les Rameau, les Buffon, Piron lui-même & bien d'autres. Voyez la Bibliotheque des Auteurs de Bourgogne.

de la Bourgogne, mais encore ceux de la France entiere ; en faiſant l'énumération ſéduiſante des récompenſes accordées à leurs travaux, on prononçoit leurs noms, alors comme aujourd'hui, avec cette eſpece de vénération & d'enthouſiaſme qu'inſpirent les hommes qui ſe ſont élevés au deſſus des autres par des Ouvrages immortels ?

Etoit-il même poſſible qu'Aimé Piron parvînt à perſuader à ſon fils que la Poéſie & l'amour des Beaux-Arts fuſſent de foibles moyens pour lui frayer le chemin de la fortune, ou du moins pour lui ouvrir la carriere brillante des diſtinctions & des honneurs ? Le jeune Poëte comprenoit ſans effort que ſon aïeul maternel (Jean Dubois) ne devoit qu'à l'élégance & à la ſupériorité de ſon ciſeau, l'illuſtration qui l'avoit porté hors du rang des hommes ordinaires.

Alexis Piron pouvoit encore moins ſe méprendre ſur la prééminence des talens, qui firent franchir à Aimé Piron les diſtances marquées par ſon état : le fils ſavoit qu'un goût vif & des diſpoſitions rares pour la Poéſie, avoient acquis à ſon pere le droit de jouer un rôle brillant dans ſa Patrie ; que ſes talens en ce genre, & ſa gaieté, l'avoient rendu ſucceſſivement agréable à trois Princes de la Maiſon de Condé ; que l'un d'eux lui procura l'occaſion d'entrer en lice avec

Santeuil, & d'accabler ce Poëte par la vivacité & l'agrément de ses saillies (1). Que pouvoient opérer ses remontrances, puisque sa conduite étoit en contradiction avec ses conseils & ses préceptes ?

Aimé Piron, comme le jeune Poëte, vivoit dans ces sociétés autrefois si communes à Dijon, & qui, peut-être, furent des especes de Portiques où se formerent les Grands Hommes dont la mémoire honore la Bourgogne & sa Capitale : au lieu de cette fausse décence qui répand la tristesse & l'ennui dans la plupart de nos assemblées, on y voyoit régner la joie, la cordialité, la franchise : l'imagination y prenoit un libre

---

(1) Année Littéraire 1773, n°. 7, page 96 & suiv. On y raconte que lorsque ces Princes alloient tenir les Etats de Bourgogne, ils daignoient laisser éclater la bienveillance dont ils honoroient *Aimé Piron*. « Ce fut dans une de ces » tenues d'Etats qu'il fit connoissance avec le célebre » Santeuil, que M. le Duc de Bourbon avoit amené avec » lui. Un jour il se passa entre ces deux Poëtes, en pré- » sence du Prince & de toute sa Cour, une scene très- » vive & très-plaisante, dans laquelle Aimé Piron mit les » rieurs de son côté ; l'amour propre du Victorin fut hu- » milié ; il ne pouvoit pardonner sa défaite à son vain- » queur : Piron disoit lui-même qu'un ami commun, le » vin de Bourgogne, les réconcilia bientôt : ce fut pen- » dant cette même tenue d'Etats que Santeuil fut attaqué » à table d'une colique de *Miserere ;* Aimé Piron vola, » mais vainement, à son secours ; il employa sans succès » tous les secrets de son Art : il recueillit le dernier soupir » de cet illustre Poëte Latin ». Dans les Lettres d'Alexis

essor ; le sentiment, l'expression qui lui est propre : la gaieté, la saillie avoient seules le droit de marquer les rangs ; toutes distinctions étrangeres aux talens disparoissoient, ou restoient renfermées dans les bornes que la saine raison doit leur prescrire : l'esprit, bien plus que le goût du plaisir, formoit le lien de ces sociétés dont Piron parle avec enthousiasme, en écrivant à M. l'Abbé Dumay (1).

C'est là peut-être qu'il avoit contracté l'habitude de ce ton gai & malin, de ces saillies vives & éblouissantes, de ces plaisanteries toujours fines & souvent neuves, de ces réparties subites & imprévues, qui firent comparer sa conversation à un feu d'artifice bien fourni & servi avec rapidité : la multiplicité, la justesse, l'énergie de ses bons mots, n'ont peut-être pas moins contribué à lui acquérir une réputation extraordinaire, que ses pieces fugitives & dramatiques.

Piron à M. l'Abbé Dumay, ce Poëte raconte une autre scene entre son pere & deux Maires Bourguignons; elle fut aussi très-vive & très-éclatante; elle se passa de même à une tenue des Etats de Bourgogne. Lettre du 8 Août 1750.

(1) Il etoit Aumônier des Pages de la Grande-Ecurie, & Chanoine de la Cathédrale d'Arras. On voit par les Lettres d'Alexis Piron, que cet Abbé lui rendit plusieurs services à la Cour.

Que ne nous est-il permis de citer ceux qui formeroient le tableau le plus fidele & le plus brillant de l'esprit de ce Poëte ! Mais pouvons-nous rapeller des traits dont la malignité, la bizarrerie même, doivent nous interdire le récit, & dont la plupart lui ont été faussement attribués (1) ?

---

(1) On se concilie néanmoins assez généralement sur ceux qui suivent. ═══ Un Abbé, critique très-fameux, voyant un jour *Piron* richement vêtu, s'écria : *Quel habit pour un tel Homme !* . . . *Quel homme pour un tel habit !* s'écria ce Poëte à son tour. ═══ Un grand Seigneur sortoit de l'appartement d'un Homme de Lettres dans le même instant où ce Poëte se présentoit pour entrer ; ils reculerent tous les deux ; le Maître du logis qui apperçut Piron, dit à ce Seigneur : *passez, Monsieur, passez, ce n'est qu'un Poëte :* celui-ci appuyant la main sur son chapeau, & passant ensuite avec rapidité, dit en souriant : *puisque les qualités sont connues, je prends mon rang.* ═══ Pressé par les Comédiens de retrancher ou de changer plusieurs vers dans une Piece qu'il vouloit faire jouer sur le Théatre François, il résistoit avec vivacité ; on voulut le déterminer, en citant pour exemple un Poëte célebre qui avoit plusieurs fois consenti à de pareils changemens : *Quelle comparaison,* dit-il ! *ce Poëte travaille en marqueterie, & moi je jette en bronze.* ═══ Un Auteur, dont la Piece tomba à la premiere représentation, se consoloit de cette disgrace, en disant : *On ne l'a cependant point sifflée ; je le crois,* répondit Piron, *peut-on siffler quand on baille ?* ═══ Un Bourguignon lui demandant ce qu'il pensoit de l'esprit d'un Musicien très-fameux & très-admiré : *Quand il ne parle point de Musique,* répondit-il, *ce n'est plus qu'un long tuyau d'orgue séparé du Soufflleur.* ═══ Un Auteur célebre, ayant fait jouer à la Comédie Françoise une Piece à laquelle on applaudit beaucoup, & dont le succès s'est soutenu, lui dit : *Que pensez-vous de ma Piece ? Vous voudriez-bien que je l'eusse faite,* répondit-il : *je suis assez de vos amis pour cela,* repliqua cet Auteur.

Piron brilloit déjà par plusieurs productions poétiques, & par la vivacité de ses réparties, lorsqu'il abandonna ses compatriotes, pour aller se fixer à Paris.

Avouons cependant que les essais qui commencerent à rendre son nom fameux en Bourgogne, n'annoncent que foiblement le point de supériorité auquel il devoit parvenir un jour : telles sont les deux Pieces de vers, composées en 1715 & 1717, sur deux Prix proposés aux Chevaliers des différens Jeux d'Arquebuse établis dans cette Province (1).

Si ces poésies ne laissent appercevoir que dans le lointain les rares talens de Piron, il les fit néanmoins briller avec tant d'éclat, avant de quitter sa Patrie, qu'il fut bientôt exposé aux traits empoisonnés que l'envie dirigea contre lui (2) : il les méprisa, &

(1) Ces pieces sont une Ode sur le Prix remporté à Dijon par les Chevaliers du Jeu d'Arquebuse de Beaune; une Relation d'un voyage dans cette Ville par Piron; des Stances sur le même sujet.

(2) On l'attaqua dans plusieurs Pieces de vers. Il compare ceux qui rimailloient contre lui, aux *guêpes* & aux *taons*, dans une Lettre en vers & en prose, adressée à un Ecclésiastique de Dijon, qui étoit son parent. Elle est imprimée dans l'Année Littéraire, année 1774, tome 2. n°. 6. Let. 1. p. 21. Piron termine ainsi les vers insérés dans sa Lettre :

Cher Abbé, j'ai des ennemis
En si grand nombre, & si petits,
Que je n'en puis tirer vengeance.

bien-tôt on le vit franchir d'un vol ſubit & audacieux, l'eſpace immenſe qui ſépare les productions du ſimple Verſificateur, des merveilles du génie. Il prit le même eſſor qui porta le grand Corneille de la Comédie de l'*Illuſion*, à la Tragédie du *Cid*.

Oſerons-nous citer en preuve de cette aſſertion, cette Piece fameuſe que beaucoup de perſonnes indiquent comme un chef-d'œuvre du genre lyrique? On applaudit à la ſublimité de cette production ſinguliere & mémorable; mais le blâme ſur ſon objet & ſur ſes détails, devint général. Piron ne l'avoit jamais fait paroître au grand jour; il ne l'avoua point publiquement; néanmoins cette erreur du moment & de ſa jeuneſſe, eut une influence continuelle ſur ſon exiſtence (1).

(1) On a dit qu'elle le contraignit à s'expatrier, afin de laiſſer affoiblir la fâcheuſe impreſſion que ce fol enthouſiaſme fit ſur certains eſprits; *Journal Encyclopédique, Févr. 1773, p. 118.* D'autres perſonnes alleguent qu'on ne connut cette piece que lorſqu'il fut fixé à Paris; d'autres encore prétendent qu'il ne la compoſa point ſeul, mais en ſociété avec pluſieurs Bourguignons. De toutes ces conjectures, la derniere ſeule a quelque vraiſemblance; Piron paroît l'appuyer, en s'exprimant ainſi dans la préface de la Métromanie, page 244: *Que vous dirai-je enfin*, s'ecrie-t-il, en parlant de cette Piece, *ce n'auront été que des rimes couſues, preſqu'en pleine table, & de la proſe qui s'égayoit à la ronde, ſur la fin du repas*; mais les Lettres de Piron prouvent que-

Quelle facilité ne donna-t-elle point à la calomnie, pour noircir sa réputation ? On cita cet abus du talent, comme la regle invariable de ses mœurs : on lui attribua toutes les poésies du même genre, dont les Editeurs ont grand soin de garder l'*incognito* : enfin cette débauche d'esprit servit de prétexte à ceux qui étoient jaloux de sa gloire, pour répandre l'amertume & la douleur sur les plus beaux instans de sa vie ; pour écarter de lui dans la suite les honneurs littéraires auxquels il étoit appellé par la plus flatteuse acclamation (1), & qu'il méritoit à tant de titres. Mais supprimons ici des détails sur lesquels il a peut-être trop appuyé lui-même (2).

---

les deux autres conjectures sont sans fondement. Il écrivoit à M. Legouz de Gerlans, Grand-Bailli du Dijonnois, le 19 Juillet 1768, *que cette Ode étoit d'il y a soixante ans* : ces dernieres expressions indiquent pour époque *l'année 1708* ; alors ce Poëte, né en 1689, avoit *dix-neuf ans* ; il ne fut donc pas *forcé à s'expatrier* ; il ne composa point non plus cette Ode à Paris, puisqu'il n'alla s'établir dans cette Ville qu'aux environs de l'année 1719.

(1) Voyez la préface de la Métromanie, page 247, & sa Lettre à M. l'Abbé Dumay, du 20 Avril 1754. *Je ne suis Académicien qu'en effigie*, lui écrit-il ; *j'ai été exclus par contumace . . . . . payons du moins de notre personne à la postérité.*

(2) Journal Encyclopédique, Février 1773, folio 118.

Piron n'alla se fixer à Paris qu'après avoir passé les premieres années de sa vie dans la dissipation ordinaire à un jeune homme plein d'esprit, dominé par des passions vives, entraîné par l'amour du plaisir & de la liberté. La premiere Comédie qu'il vit jouer dans cette Ville, fut l'*Imposteur* ou le *Tartuffe.* L'admiration de ce Poëte alla jusqu'au ravissement, jusqu'à l'extase. Ses transports qui croissoient toujours pendant la représentation, étonnerent tous ceux qui l'environnoient. Il devint pour eux un nouveau genre de spectacle qui partagea leur attention. La Piece étant jouée, l'un d'eux lui demanda la cause de son enthousiasme : « Ah ! Messieurs, s'écria Piron, si cet ouvrage sublime n'étoit point fait, il ne se feroit jamais (1) ».

Ce Poëte eut, dit-on, plus de génie que de goût, plus d'imagination que de connoissances, parce qu'il arriva trop tard & trop formé à Paris.

On a supposé qu'une éducation peu soignée, qu'un long séjour en Province, ne lui permirent point de rompre sans retour l'habitude qu'il avoit contractée de quelques

(1) Notes de M. Bret sur la Comédie du Tartuffe ; Journal Encyclopédique, Novembre 1773.

tournures trop hardies & trop familieres dans sa prose, d'une précision trop seche, d'une versification un peu âpre & souvent rude : mais ces défauts qu'il est difficile d'appercevoir dans la *Métromanie* & dans plusieurs autres Pieces, ne naissoient peut-être que de la grandeur de ses idées, que de la vivacité & de la force du style qu'il s'étoit formé : nous pourrions rapporter une multitude d'exemples capables d'appuyer ces conjectures (1).

Ne craignons pas de le dire : il est très-peu de Poëtes qui aient porté au même point de supériorité l'énergie de l'expression,

---

(1) On cite comme un modele de précision l'inscription qui suit :

La flamme ravagea ces lieux :
Graffin les rétablit par sa munificence ;
Ce marbre expose à tous les yeux
Le malheur, le bienfait & la reconnoissance.

Piron fit ces quatre vers à la priere des Habitans de la petite Ville d'*Arcis*, ou d'*Arcie-sur-Aube* en Champagne, qui fut brûlée en 1720 & en 1727. M. Graffin, qui en étoit Seigneur, la fit rétablir : cette inscription fut gravée sur un marbre, placé au milieu de cette Ville. L'Auteur de l'Année littéraire a fait imprimer ces vers de trois manieres différentes, Lettre 10, 1773, page 235, n°. 34 ; Lettre 4, n°. 2, page 143, 1774 ; & Lettre 6, page 143, même année, n°. 7. Cet Auteur dit que cette inscription, telle qu'on vient de la copier, « est plus simple, plus laco- » nique, plus dans le style lapidaire », que celles qu'il avoit précédemment transcrites.

le brillant & les richesses de la rime : elle paroît toujours dans ses vers, soumise à l'empire du génie, qui, plein de vigueur, s'éleve bien au dessus du petit mérite attaché à l'exactitude. Il ne voit rien qu'en grand ; il exécute de même ; il néglige les détails minutieux, parce qu'il les méprise.

L'élégance, la pureté, l'harmonie du style, sont sans doute d'un grand prix ; mais peut-on les mettre en parallele avec ces traits de feu qui étonnent, saisissent & élevent l'ame, sans permettre à l'esprit de s'arrêter sur les taches légeres qui les déparent ? Un Poëte caractérisé par des morceaux sublimes, originaux, fréquens dans ses ouvrages, & que l'on ne trouve point dans ceux des Auteurs qui courent la même carriere, n'est-il pas un génie du premier ordre, un homme extraordinaire, placé au dessus de son siecle par des beautés qui n'appartiennent qu'à lui ?

Nous devons croire néanmoins que si Piron eût passé ses premieres années à Paris, il se fût rapproché davantage de cette maniere d'écrire douce, coulante & harmonieuse, qui flatte l'oreille, charme l'esprit & gagne le cœur : ce n'est pas que nous pensions que la Capitale ait le privilege exclusif de faire naître les talens ; mais on ne peut se dissimuler qu'elle les développe, qu'elle les épure, qu'elle leur donne plus de poli, d'énergie & de ressort.

Seroit-il même possible qu'un séjour où tous les Arts sont réunis; où la considération, les honneurs & les récompenses marchent presque toujours d'un pas égal à la suite des gens de Lettres & des Artistes, n'eût pas l'influence la plus décidée sur les cœurs & sur les esprits?

Piron fut non-seulement privé, pendant sa jeunesse, de tous ces avantages; mais la fortune lui opposa des obstacles beaucoup plus difficiles à surmonter. Il fut très-foiblement aidé par sa famille, dont l'aisance avoit été détruite par un événement imprévu. On le vit d'abord contraint à faire les fonctions de simple Copiste, dans des Bureaux que deux Seigneurs s'étoient formés pour recueillir tout ce qui pouvoit contribuer à les rendre un jour des Hommes d'Etat (1): il ne dut qu'à sa belle écriture, presqu'aussi nette que le burin, une Place qui le confondoit avec des gens dont elle formoit le principal mérite.

Rebuté par un genre de travail qui réduit les vrais talens à une sorte de servitude, il crut s'en affranchir, en briguant l'emploi de

(1) Journal Encyclopédique, Février 1773.

Secretaire

Secretaire chez un Militaire d'un Ordre diſtingué. Trompé dans cet eſpoir, le beſoin le réduiſit encore à s'attacher à un Financier. Son ſort ne devint pas plus heureux ; il changea de Place, mais ſa ſituation gênée ne varia point (1).

Le croira-t-on ? Aucun de ceux dans la dépendance deſquels les circonſtances l'avoient placé, n'apperçut le mérite original de cet homme étonnant & rare : tous jeterent ſur lui ce coup d'œil froid & dédaigneux, qui, poſant les objets dans une perſpective ſubordonnée aux illuſions de la naiſſance, des emplois ou de la fortune, n'en ſaiſit que les ſurfaces ; qui dégrade l'eſprit, le ſentiment, l'humanité ; qui, dans le phyſique comme dans le moral, expoſe les gens placés dans deux points de vue oppoſés, à ſe méconnoître & à ſe mépriſer reſpectivement.

Quelle opinion notre Poëte dût-il prendre de tous ſes Patrons ? Ils l'enfouirent dans la claſſe de ces êtres deſtinés à ramper ſur la pouſſiere d'un Bureau : ils ne l'employerent que comme un inſtrument ſans reſſort, incapable d'aucun mouvement ſpontané, & ſervilement ſoumis à ſuivre l'impulſion qu'on

(1) Journal Encyclopédique, Février 1773.

lui donne périodiquement. Cet événement est très-singulier sans doute : mais étoit-il plus facile d'appercevoir un grand Poëte dans les fonctions bornées d'un simple Copiste, qu'un grand Général dans les premiers emplois de Ventidius (1) ?

Le génie de Piron s'indigna : ce Poëte refusa de jouer un rôle incompatible avec le feu & l'indépendance de son caractere ; il ne voulut devoir son existence qu'à lui-même ; il s'occupa, comme le fameux Citoyen de Geneve, à copier de la musique, jusqu'à ce qu'il eût forcé la renommée à inscrire son nom dans la Liste des Gens de Lettres (2).

Considérons-le donc faisant un personnage qui lui étoit propre, prenant un plan digne de lui, méprisant le Dieu des richesses pour ne faire sa cour qu'aux neuf Sœurs : voyons ce Poëte franchir d'un pas assuré, les rochers & les précipices du Parnasse, écarter, d'une main hardie, les ronces & les épines qui

---

(1) Il fournit d'abord des mulets pour les équipages des gens de guerre, à la suite de l'armée de César dans les Gaules : il devint ensuite Consul, & vainquit les Parthes. Histoire Romaine. Voyez Rollin, tome 15, page 153 & 154.

(2) Cette anecdote est tirée des Lettres de Piron à M. Maret, l'un des Secretaires perpétuels de l'Académie de Dijon.

hérissent ses sentiers tortueux & escarpés, saisir une des Couronnes placées sur sa cîme presqu'inaccessible, lutter avec noblesse contre les caprices & les rigueurs de la fortune : voyons enfin cet homme de génie s'élever sans intrigue, sans manege, sans crédit & sans protecteur.

II.

PIRON cédant d'abord au goût qui le porta toujours à l'enjouement & à la plaisanterie, donna, dans l'espace de quatre années, un grand nombre de Pieces à l'Opéra Comique (1) & au Théatre Italien (2). Quelques-unes furent composées en société avec Lesage & d'Orneval (3).

On y voit toujours éclater une invention singuliere & piquante ; Momus & Thalie y brillent avec tout leur feu, leurs agrémens, leur légéreté. Dans ce genre, alors plus accrédité qu'aujourd'hui, Piron fut d'une

---

(1) Colombine-Nitetis, Tiresias, Trophonius, Arlequin Deucalion, l'Endriaque, les trois Commeres, le Claperman, l'Ane d'or, le Mariage du caprice & de la folie, les Chimeres, le fâcheux Veuvage, Crédit est mort, l'Enrôlement d'Arlequin, la Robe de dissension, la Rose.

(2) Philomele Parodie, les huit Marianes, les Enfans de la joie.

(3) Les trois Commeres, la Robe de dissension, &c.

abondance, d'une vivacité dont il avoit peine à modérer la saillie.

La liberté dans laquelle s'étoient maintenues jusques-là les productions destinées à ces sortes de Spectacles, parut accroître le fond inépuisable de gaieté dont il fut doué par la nature ; son extrême enjouement brilla même dans ces Pieces en simples monologues, auxquels on restreignit, en 1723, quelques-unes de ces représentations éphémeres (1).

Enfin, des chûtes, des succès, des applaudissemens alternatifs & rapides, annoncerent presqu'également dans ce Poëte l'imagination la plus féconde & la plus riante, les dispositions les plus heureuses & les plus marquées, pour monter au premier rang de la Scene françoise.

Quelque subordonné que fût le genre qu'il choisit pour s'y placer, ses talens trouverent cependant sur le Théatre l'avantage que présente toujours cette carriere éblouissante : ils y emprunterent l'éclat que donne le grand jour à ceux qui peuvent le soutenir ; Piron subjugua les esprits & les cœurs par ces prestiges, qui ouvrent, en faveur d'un Poëte, les cent bouches de la Renommée.

(1) Plusieurs Acteurs paroissoient dans ces Pieces ; un seul parloit en François ; les autres étoient pantomimes, ou s'exprimoient en jargon.

Les Jeux de l'Opéra Comique ne furent pas les ſeuls par leſquels il en fit retentir la voix ; des Epîtres charmantes, des Contes ingénieux, pleins de verve & d'enjouement, des Epigrammes excellentes, une multitude de Pieces fugitives, lui acquirent une nouvelle célébrité.

Généralement connu & recherché, il l'accrut encore par ſa gaieté intariſſable dans la converſation & par le feu de ſes réparties ; bientôt tous les amis du plaiſir devinrent les ſiens : les Gens de Lettres, qui ne craignirent ni la vérité, ni la franchiſe, ni la liberté, ſe lierent avec lui.

Des connoiſſances heureuſes, des applaudiſſemens donnés par l'intelligence, des conſeils dictés par l'amitié, des bienfaits que ſes talens ſeuls ſolliciterent, & qui partoient d'une main inconnue, éleverent ſes idées, exciterent ſon courage, développerent en lui le ſentiment de la ſupériorité de ſes forces, lui perſuaderent qu'il pouvoit s'eſſayer dans un genre plus relevé, & marcher ſur les traces de Corneille, de Moliere & de Racine (1).

---

(1) M. de Crébillon, ſon Compatriote & ſon ami, qui apprécioit mieux ſes talens que qui que ce fût, le preſſa plus qu'aucun autre de s'engager dans cette nouvelle carriere. Leur amitié s'altéra dans la ſuite ; mais Piron rendit toujours

Piron étoit resté à Paris depuis 1719 jusqu'en 1722, dans une espece d'obscurité; les différentes Pieces qu'il consacra aux amusemens publics après cette époque, jusqu'en 1726, le rendirent un objet digne d'estime pour les uns, de jalousie pour les autres, d'attention & de curiosité pour tous.

Ces sentimens prirent une nouvelle énergie, lorsqu'en 1728 il fit jouer, sur le Théatre François, la Comédie intitulée d'abord *les Fils ingrats*, & ensuite *l'Ecole des Peres.* Quelques personnes donnent à ce changement une cause à laquelle il est difficile de s'arrêter, puisque l'Auteur en indique d'autres dans la Préface de cette Piece (1).

Un Critique célebre publia, dit-on, que le titre primitif de cette Comédie avoit été bien choisi, puisque les fils ingrats avoient

---

hommage aux talens de son célebre Compatriote; il lui adressa ces vers, en lui envoyant une Piece de Théatre:

Tout de moi vous pese & vous choque;
Je n'ai plus espoir ni demi;
D'une amitié peu réciproque,
Adieu le nœud mal affermi.
Mais malgré le sort ennemi,
Mon hommage est tel qu'il doit être;
Ne pouvant le rendre à l'ami,
Qu'au moins je le rende à mon Maître.

Ces vers sont imprimés dans l'Almanach des Muses de 1773, page 8.

(1) Page 10 & suiv.

terni la réputation de leur pere : on ajoute que ce ſarcaſme mettant en jeu tous les reſſorts de la verve de Piron, il accabla ſon Adverſaire par pluſieurs Epigrammes, dont une juſtement fameuſe & connue de tout le monde, paſſera à la poſtérité.

Selon d'autres, nous ne devons cette Epigramme piquante & ingénieuſe, qu'à une réticence maligne, riſquée par le même Critique, en rendant compte d'une Lettre où le grand Rouſſeau faiſoit l'éloge de Piron.

Ce Poëte ne compoſoit en quelque ſorte que par inſpiration : comme Fontenelle, il travailloit ordinairement de mémoire : il récita *l'Ecole des Peres* aux Comédiens aſſemblés, qui la reçurent avant qu'il en eût écrit un ſeul vers ; il déclama de même toutes celles qu'il fit jouer dans la ſuite, & qu'il acheva toujours avant de commencer à les écrire (1).

Cette Piece eut vingt-trois repréſentations : elle plut par la beauté de ſa morale, par des détails ingénieux, par ces éclairs que le Poëte répandoit avec profuſion dans ſes propos & dans ſes Ecrits.

Le ſuccès de cette Comédie auroit peut-

---

(1) Année Littéraire, 1773, n°. 8.

être été plus complet & plus brillant encore, ſi les faits choiſis pour deſſiner les caracteres, euſſent paru plus marqués & plus ſaillans : on a dit que les traits d'ingratitude des fils envers leur pere, ne ſortoient point aſſez de l'ordre des événemens ordinaires dans la Société.

Il eſt certain que, pour faire naître au Théatre un intérêt abſolu & permanent, les vices & les ridicules doivent être fortement prononcés : ils ne font une impreſſion vive ſur la Scene, qu'autant qu'ils ſont préſentés dans toutes leurs gradations, dans tous leurs excès, avec les nuances les plus vives & les couleurs les plus tranchantes. Auſſi diton que, dans l'art de Thalie, il faut ſouvent paſſer le but pour l'atteindre.

Piron aſſure dans la Préface de *l'Ecole des Peres*, qu'il y a donné le premier exemple du genre larmoyant (1). Il s'accuſe d'avoir dégradé l'art de Moliere, par cette partie ſombre de ce Poëme : il déprime cette eſpece de comique par des qualifications très-flétriſſantes (2). Elles paroîtroient outrées, ſi l'abus que l'on fait depuis quelque temps de ce Spectacle amphibie, ne ſuffiſoit pas pour les juſtifier.

(1) Préface de l'Ecole des Peres, page 35.
(2) Même Préf. p. 35 ; Préface de Calliſthène, p. 263.

Enhardi

Enhardi par la réuſſite de cette premiere Comédie, ce Poëte s'arma du poignard de Melpomene ; ce fut en 1730 qu'il donna la Tragédie de *Calliſthène.*

Compoſée dans le genre admiratif (1), elle mérite les plus grands éloges par la nobleſſe & l'élévation des ſentimens, par une multitude de vers & de penſées dignes du grand Corneille, par la force des traits qui développent le caractere de Calliſthène, de Léonide & de Liſimaque.

Ce fut à cette époque qu'il parvint à découvrir, dans M. de Livry (2), le bienfaiteur qui, depuis long-temps, lui faiſoit toucher une penſion dont il ignoroit la ſource : ce Poëte s'empreſſa de lui rendre un témoignage public de ſa ſenſibilité, de ſa reconnoiſſance, de ſon admiration.

Aller au devant du mérite, l'aimer, le ſecourir, ce ſont des actions peu communes ; mais quels éloges ne doit-on pas à ceux qui cachent avec ſoin leurs bienfaits, & qui, s'efforçant de ſe ſouſtraire aux empreſſemens de la gratitude, ſemblent en redouter les expreſſions ?

Tel fut le Marquis de Livry : tel a été

---

(1) Préface de l'Ecole des Peres, page 251.
(2) Voyez l'Epître dédicatoire de Guſtave.

M. Helvétius à l'égard de plusieurs Gens de Lettres (1) : tel fut aussi un autre bienfaiteur de Piron, & qui, dit-on, est encore actuellement ignoré (2).

C'est une singularité bien remarquable dans la vie de cet Auteur, que ses talens aient réuni deux personnes, pour rendre le plus noble & le plus généreux hommage à son mérite, en leur inspirant le desir également délicat & magnanime, d'ensevelir les effets de leur libéralité dans les ténebres : ce procédé admirable & très-rare, honore autant les bienfaiteurs, qu'elle accroît le prix des bienfaits.

Piron avoit l'ame trop grande pour rougir de ces secours : ils éleverent encore ses sentimens, accrurent son courage, épurerent ses idées. Ses nouvelles entreprises, ses travaux, ses succès, prouverent le discernement de ceux qui s'ennoblirent encore, & l'ennoblirent lui-même, en le jugeant digne de récompense & d'encouragement.

Put-il mieux justifier leur intelligence,

(1) Préface du Poëme du bonheur, page 191.

(2) On lui envoya un contrat de rente viagere de 600 livres ; on croit que ce don lui fut fait par Monsieur de Maurepas. Les stances dédicatoires que Piron lui adressa, annoncent les bienfaits qu'il en reçut. Voyez ces Stances, pages 209 & 210 du troisieme volume de ses Œuvres.

leur grandeur d'ame & la ſienne, qu'en prenant le même vol que nos plus grands Poëtes dramatiques ; qu'en ſubjuguant, en 1733, tous les ſuffrages par la Tragédie de *Guſtave-Vaſa?* Au brillant du ſtyle & des idées qui éclatent dans celle de *Calliſthène*, le Poëte réunit le pathétique des ſituations, la nouveauté & la multiplicité des incidens, la force, la ſoupleſſe des grands reſſorts de la Tragédie. S'appliquant à éviter la ſimplicité du ſujet de *Calliſthène*, que l'on regarda comme une production triſtement ſublime, Piron accumula les événemens dans *Guſtave*.

En vain ſes Rivaux s'efforcerent-ils de flétrir le nouveau triomphe que le Public lui décerna ſur la Scene françoiſe, en ſuppoſant que les objets ſe croiſent trop dans cette Tragédie ; que les mouvemens divers ſe confondent ; qu'ils diviſent, qu'ils réfroidiſſent l'intérêt.

Les événemens réunis dans ce Poëme, quoique multipliés, naiſſent naturellement les uns des autres : ils ſe ſuccedent ſans ſe nuire : ſubordonnés à l'action principale, ils operent une impreſſion d'autant plus forte, qu'ils font naître à chaque inſtant la ſurpriſe, en ſe démêlant avec ordre & ſans embarras.

Croyons donc, croyons que la Tragédie de *Guſtave* formera toujours un des principaux ornemens de notre Théatre : vingt repréſentations ſucceſſives, & les plus brillantes repriſes, n'ont que foiblement diminué le nombre des Spectateurs, que légérement affoibli la vivacité des applaudiſſemens : tels ſont les garans du rare mérite de cette Piece, à bien des égards ſupérieure à celle de *Calliſthène*. On a ſuppoſé néanmoins que Piron forma de celle-ci l'objet principal de ſa prédilection, comme *Rodogune* en fut un de préférence pour le grand Corneille (1).

Mais que l'on juge, ou non, de cette prévention, très-commune dans les Auteurs pour quelques-unes de leurs productions, comme des motifs qui décident l'affection de certains peres pour leurs enfans, il eſt certain que ce Poëte courut à grands pas à l'immortalité.

La Comédie intitulée *les Courſes de Tempé*, ſervit encore à lui frayer les différentes routes qui y conduiſent : cette Piece offre par-tout de la légéreté, de l'élégance, de la molleſſe, de la fraîcheur & des graces : quoique notre goût pour la paſtorale ſe ſoit beaucoup affoibli ; quoique ce genre paroiſſe, au plus grand nombre, froid & languiſſant, Piron a ſu en tempérer l'inſipidité par le comique

---

(1) Préface de Rodogune.

du perſonnage niais d'*Hilas*, par les fineſſes & par la vivacité qui animent à chaque inſtant le dialogue.

Ce Poëte continua à étaler, dans différens genres, les richeſſes & les agrémens de la Poéſie : il les fit briller dans pluſieurs Pieces, dont les unes n'ont point été imprimées, & dont les autres ſont inſérées dans l'édition de ſes Œuvres.

Toutes affermirent ſa célébrité ; mais la *Métromanie*, jouée en 1738, mit le comble à ſa gloire : remplie d'idées, d'images vraiment originales, de vers ſublimes & harmonieux, de ſituations neuves, d'eſprit, d'imagination, de jugement, cette Piece eſt le triomphe du génie de Piron.

Les Gens de Lettres la comparent aux Femmes ſavantes de Moliere : ces deux productions dramatiques préſentent en effet plus d'un caractere idéal & de pure invention : la *Métromanie* eſt la meilleure Comédie du 18e. ſiecle ; les Spectateurs la revoient toujours avec un nouveau tranſport.

Elle nous rappelle celles que compoſerent Ariſtophane & Térence : ce qui frappe ſur-tout, c'eſt que le Poëte amuſe, attache, intéreſſe, ſans intrigue, ſans ſcenes élégiaques, ſans caracteres deſſinés d'après des mœurs connues, communes & ordinaires : il égaie l'eſprit, ſans fatiguer & ſans preſſer le cœur.

Tout, dans ce Poëme, eſt d'un comique vrai & cependant ſingulier ; tout y paroît conçu, diſpoſé, conduit avec une intelligence, une adreſſe également ſurprenantes ; le burleſque du caractere de *Francaleu*, la nobleſſe de celui de *l'Empirée*, offrent les contraſtes les plus tranchans.

En vain a-t-on dit que la ſingularité de la métamorphoſe ſi connue de *la Poëteſſe devenue Poëte*, fit preſque ſeule le ſuccès de la *Métromanie* ; mais l'eût-elle dû à l'impreſſion momentanée de la nouveauté de cet événement extraordinaire (1), l'Auteur mériteroit-il moins les plus grands éloges, pour avoir ſu en ſaiſir les traits les plus plaiſans, les rendre avec fineſſe, les orner de tous les agrémens dont la Scene françoiſe les rendoit ſuſceptibles ?

D'ailleurs, les preſtiges de la nouveauté ſur cet incident, diſſipés aujourd'hui, ne peuvent conſerver aucune influence ſur les applaudiſſemens que cette Piece reçoit depuis plus de trente ans dans toute la France. Placée à côté des chef-d'œuvres de Moliere, & peut-être au deſſus des Comédies de Renard & de Deſtouches, on la regar-

(1) Préface de la Métromanie, page 268 ; Obſervations ſur les Ecrits des Modernes, Lettre 175.

dera toujours comme un de nos plus beaux Poëmes dramatiques ; rien n'ébranlera jamais la couronne dont les Muſes ont ceint le front de l'Auteur de cette production ſublime.

La Tragédie de *Fernand Cortès*, jouée en 1744, ne fut point auſſi généralement applaudie ; mais cette Piece, comme toutes celles du même Auteur, qui n'ont pas eu une réuſſite auſſi complete que *Guſtave-Vaſa*, ou la *Métromanie*, eût peut-être ſuffi pour donner de la célébrité à un Poëte, qui auroit eu moins de titres que Piron, pour y prétendre.

Cette Tragédie eſt ſa derniere Piece de Théatre. Quelques perſonnes ont penſé que le chagrin que lui donnerent les manœuvres de ſes ennemis, qui le priverent d'une place à l'Académie Françoiſe (1), occaſionna une longue interruption dans ſes travaux. Mais le choix fait de ce Poëte par l'acclamation de tous ceux qui compoſoient cette Compagnie célebre, les vœux du Public & le mérite des Ouvrages de Piron, qui l'appel-

(1) On prétend que ce fut la Chauſſée qui contribua le plus à faire exclure Piron de l'Académie ; celui-ci avoit répandu pluſieurs Epigrammes très-plaiſantes contre le comique larmoyant, & contre celui qui ſe flattoit d'en être l'inventeur. La Chauſſée en conſerva toujours le plus vif reſſentiment. Voyez les Mémoires Littéraires, au mot *la Chauſſée*.

loient à cette dignité littéraire, ne permettent pas d'adopter cette opinion.

Ces événemens, plus rares peut-être que les ſuccès en ce genre, étoient ſans doute un dédommagement très-flatteur pour l'Auteur de la Métromanie. Plus jaloux des diſtinctions honorables dues aux Gens de Lettres, que des avantages pécuniaires qui y ſont attachés, c'étoit aſſez pour lui d'avoir été jugé digne de les obtenir. Les ſuffrages des Académiciens l'intéreſſerent plus que le droit de s'aſſeoir parmi eux; mais eût-il été touché par l'un & par l'autre motif, quelle compenſation plus glorieuſe auroit-il pu deſirer, que la penſion que Sa Majeſté daigna lui accorder (1); que celle que lui légua le Marquis de Livry (2)?

Croyons donc avec ceux qui ont vécu dans l'intime familiarité de ce Poëte, que l'on ne doit chercher les cauſes de cette interruption, que dans les ſoins continuels que l'état fâcheux d'une femme chérie preſcrivoit à la ſenſibilité de l'époux le plus eſtimable. Il ne renoua avec les Muſes, avec la

(1) Cette penſion de cent piſtolles, ſur la Caſſette, fut enſuite transférée ſur le Mercure. Lettres de Piron à M. l'Abbé Dumay.

(2) Elle étoit de 600 livres. Voyez la note miſe au bas de la ſeconde Epître à M. de Livry, tome 2 des Œuvres de Piron, page 7.

ſociété,

ſociété, que lorſque la mort eut briſé le lien conjugal.

En 1758, Piron donna une édition d'une partie de ſes Œuvres : il y rend compte de quelques événemens relatifs à ſa jeuneſſe, à ſa fortune, à ſes Pieces dramatiques & à quelques autres. En les jugeant, à l'imitation de Pierre Corneille, il les apprécie, & répond à la critique dans pluſieurs Préfaces.

Elles ont été expoſées à la cenſure la plus vive (1) : en s'y arrêtant, il faudroit croire que Piron a réaliſé ce qu'il fait débiter *à Damis* dans *la Métromanie* : c'eſt-à-dire, que *juſqu'à la proſe il ne dut point déroger* (2). On peut en effet comparer la ſienne au canevas d'un Poëte.

Telle eſt l'idée qu'en donnent encore les Lettres que cet Auteur écrivit à M. l'Abbé Dumay, dans l'intervalle de 1750 à 1757 (3), à M. Legouz de Gerlans (4), à M. le Préſident de Ruffey (5), & à M. Maret, l'un des Secretaires perpétuels de l'Académie de Dijon ; mais ces Lettres, comme ces Préfaces, ſont remplies de penſées fines,

(1) Année Littéraire, 1773, n°. 7, page 96.
(2) Scene 7, acte 3.
(3) C'eſt le même dont on a parlé plus haut.
(4) Académicien honoraire de Dijon.
(5) Ancien Vice-Chancelier de la même Académie.

fortes, ingénieuses, des feux du génie même; dans toutes, Piron est toujours gai, saillant, épigrammatique.

Vivement touché de l'estime que lui marqua l'Académie de Dijon (1), de l'honneur qu'elle lui fit de placer son buste parmi ceux des grands Hommes de cette Province (2), il lui donna constamment des preuves de l'attachement qu'il lui devoit; ce Poëte fit hommage à cette Compagnie de toutes les Pieces qu'il crut pouvoir laisser sortir de son porte-feuille: telles sont,

(1) Il fut reçu Académicien honoraire le 11 Juin 1762.

(2) Ces bustes ont été donnés à l'Académie, en l'année 1766, par M. Legouz de Gerlans, Grand-Bailli de la Noblesse du Dijonnois, & Académicien honoraire: sa mort récente répand la plus vive douleur parmi tous ses Concitoyens. Personne ne porta à un degré plus parfait toutes les qualités sociales, que M. Legouz: il fut l'émule de M. de Caylus, dans la recherche & l'explication de nos anciens monumens: plusieurs Dissertations savantes sur notre Histoire, & un grand nombre de Poésies, lui assurent une place distinguée parmi les Gens de Lettres: les établissemens publics les plus utiles ont gravé sa mémoire dans le cœur de tous les Bourguignons: une multitude de dons, presqu'aussi considérables que ceux du Fondateur de l'Académie de Dijon, lui ont acquis des droits au partage de ce titre glorieux. On peut dire que, libre de tout engagement, il s'étoit formé en quelque sorte, de cette Compagnie, une famille de son choix, sur laquelle il se plut à verser des bienfaits continuels jusqu'aux derniers instans de sa vie. Quelque brillans que paroissent les points de vue généraux sous lesquels on présente ici M. Legouz, on ne craint pas de dire qu'ils deviendroient encore plus intéressans par les détails.

entre plusieurs, celles qu'il a intitulées *Orgie & Bacchanales* (1), *l'Epitaphe du*

(1) C'est une Ode où Piron fait l'éloge du vin; en y décrivant la marche triomphante de Bacchus, son cortege, ses exploits, il attribue à l'Hydromanie, la décadence du goût de la Poésie, & bien d'autres événemens. Tel est le début du Poëte dans cette Ode:

Eau que de son pied Pégase
Fit jaillir en s'envolant,
Disparois devant ce vase
Plein d'un breuvage excellent;
Va croupir dans la cîterne
Où le Scuderi moderne
Prend ses bains fastidieux,
Tandis que de ce Falerne
La chaleur m'éleve aux Cieux.

Le Poëte, en parlant d'un souterrein où l'on trouve toutes les richesses de Bacchus rassemblées, termine cette Piece par ces deux strophes:

Restons où tout nous arrête;
Où mieux adresser nos pas?
Honte ou gloire sur ma tête,
Paix & plaisirs ici bas;
J'y crois revoir ma Patrie
Et ma premiere Silvie,
Chers objets presqu'effacés;
J'y renais, j'y versifie,
Je ris, je bois, c'est assez.

Calotins, crus Philosophes,
Que de vous l'on soit coëffé,
Ou que de vos catastrophes
On rie à l'Auto-da-fé;
Et vous, tourbe subalterne,
Qui puisez dans la cîterne
Les vers que vous croassez,
Qu'on vous claque ou qu'on vous berne,
Je ris, je bois, c'est assez.

Genre humain (1). Piron y fait éclater, comme dans ses autres Poésies, la sublimité des idées, la hardiesse des images, la force & l'énergie des expressions; enfin, toutes les richesses de la rime. Les vers qu'il composa dans cet âge, où le poids des années affoiblit souvent plus l'esprit, qu'il n'affaisse le corps, annoncent toujours le même feu qu'il manifesta dans sa plus grande jeunesse.

Ne brille-t-il pas avec tout son éclat dans la Piece qu'il a intitulée, *le Cordelier Requin?* On a dit de ce Conte excellent, *qu'il est d'une imagination, d'une plaisanterie & d'une gaieté qui n'appartient qu'à ce Poëte vraiment original & créateur* (2).

Que ne pouvons-nous donner ici, du moins une légére idée, de ce grand nombre de Pieces fugitives dont l'impression n'a point encore enrichi nos Recueils? On verroit Piron placé, par *Gustave* & par la *Métromanie*, à côté de Corneille & de Moliere, disputer le prix à Marot & à Rousseau, par le sel de ses Epigrammes, marcher à la suite de l'inimitable la Fontaine, par la facilité, le naturel & l'agrément de ses Contes.

(1) Cette Piece est imprimée dans l'Histoire Littéraire de l'Académie de Dijon, de l'année 1772.

(2) Année Littéraire, 1772, n°. 40, page 35.

Nous aurions eu la satisfaction d'annoncer ces Pieces aux Concitoyens de Piron, s'il eût persisté dans son premier plan d'enrichir l'Académie de ses Manuscrits, en chargeant M. Maret d'en donner une édition de concert avec elle; mais ce Poëte a légué ses Œuvres posthumes à M. Rigoley de Juvigny, en le priant d'en être l'Editeur.

Ce qui dédommage en quelque sorte cette Compagnie d'être privée de l'occasion flatteuse d'élever ce nouveau monument à la mémoire d'un des grands hommes de cette Ville, c'est que ce soin est confié à un des Membres de l'Académie, à un de nos Compatriotes, à un homme de Lettres animé des mêmes sentimens, & connu par des talens distingués (1) : on verra par son travail, que Piron est aussi digne d'applaudissemens par les Poésies qu'il n'a point fait imprimer, que par celles qu'il a rendues publiques.

---

(1) Tous les Ouvrages de M. de Juvigny prouvent également qu'il unit aux talens de l'esprit, à la délicatesse du goût, une grande érudition; on peut en juger par différentes pieces de vers imprimées dans l'Almanach des Muses, par son Mémoire pour l'Ane de Jacques Féron, par son Discours sur les progrès des Lettres en France, par l'introduction qu'il a mise à la tête de la Bibliographie de Duverdier, par ses Remarques Littéraires & critiques sur la Bibliotheque de cet Auteur, & sur celle de la Croix du Maine, par ses Mémoires historiques sur la vie & les Ouvrages de la Monnoye, *&c.*

S'il fut admiré par les talens de l'esprit ; si l'on a pu dire de ce Poëte que son génie s'étoit formé lui seul ; qu'il n'eut jamais que lui pour modele ; que, toujours différent de lui-même, il ne s'est jamais copié & n'a point copié les autres, nous osons ajouter qu'il fut généralement estimé par les qualités du cœur, & qu'il mérita de l'être.

III.

Un des plus beaux esprits de ce siecle avance que *la vie d'un Auteur sédentaire est dans ses Ecrits* (1) ; il est vrai qu'ils nous transmettent les monumens les plus durables de son existence ; mais souvent nous ne le connoissons que très-imparfaitement par ses Ouvrages.

Il est difficile de se persuader qu'ils renferment l'Histoire exacte de tout ce qu'il a pensé ; il l'est encore davantage de considérer ses Ecrits comme le vrai tableau de son cœur & de son caractere. Souvent ils ne sont qu'un jeu de son imagination ; souvent même ce qu'il dit, ses maximes, ses principes, sont en contradiction directe avec ce qu'il fait.

---

(1) M. de Voltaire.

Quoique les anecdotes de la vie d'un homme de Lettres ſoient indifférentes à beaucoup de Lecteurs, beaucoup auſſi en ſont infiniment touchés. Comment ſeroit-on inſenſible à ce qui développe l'ame, les inclinations particulieres, l'intérieur d'un grand homme, qui a fixé l'attention de tous ſes Contemporains?

Si, lorſqu'on le conſidére dégagé de toute contrainte, de tout l'appareil de la repréſentation, il peut ſoutenir le parallele avec le mérite de ſes Ecrits, alors les applaudiſſemens qu'ils excitent, ſont fortifiés par ceux que l'on prodigue à ſa conduite; on eſtime, on révére ſon cœur, auſſi ſincérement qu'on admire ſon eſprit & ſes talens; on éprouve ce ſentiment délicieux qui naît de la ſatisfaction de voir qu'une partie de l'homme n'eſt point dégradée par l'autre partie de lui-même. Les actions forment donc une des teintes principales du portrait d'un Ecrivain: ſi elles annoncent un excellent Citoyen, l'analyſe de ſon ame n'intéreſſe pas moins que celle de ſes Ouvrages.

Oſerions-nous juger du caractere de Crébillon, par la noirceur de ſes Tragédies? des mœurs de Piron, par les productions de ſa jeuneſſe? Croira-t-on que celui-ci & le plus fameux de ſes rivaux, aient ſérieuſement exprimé l'opinion qu'ils avoient de leur mérite, dans les Epigrammes qu'ils se sont lancées, dans celles où ils se jouerent l'un & l'autre sur l'épitaphe plaisante & fameuse que le Poëte Dijonnois s'étoit faite à lui-même? Est-il vraisemblable que son adversaire pût s'aveugler, jusqu'à se figurer que *Piron ne fut rien*, & que l'autre s'imaginât que *celui-ci fut peu de chose* (1)?

Ils l'ont écrit; mais devoient-ils l'écrire? Douterons-nous qu'ils ne se considérassent comme deux grands Poëtes, dignes des honneurs dus à ceux qui se sont immortalisés par leurs Ouvrages? Rester dans l'incertitude sur ce point, ce seroit encore plus dégrader leur discernement que leur cœur. Le jugement qu'ils ont dû rendre, nous éclaire sur celui qu'ils ont porté; nous ne pouvons le considérer que comme une fiction poétique.

Ne résistons pas aux faits toujours plus décisifs que les discours. Lorsqu'on vint annoncer à Piron la fausse nouvelle de la mort de son rival, il fut très-vivement frappé de cet événement inattendu; il recueillit avec peine toutes ses forces pour quitter son

(1) Epître sur la vanité, par M. de Voltaire; Lettre de Piron à M. de Ruffey.

fauteuil, s'agiter, se promener avec précipitation, en s'écriant : *Ah ! le pauvre homme ! Ah ! quelle perte* (1) *!*

Ces expressions éloquentes du sentiment, ce cri de la douleur arraché au premier mouvement causé par la surprise, cet aveu dû à ce moment où la vérité a toute sa force, où la rivalité n'a pas eu le temps de faire ses combinaisons, prouvent que le Poëte Dijonnois rendit toujours justice aux talens du Poëte Parisien.

L'espece de guerre que le premier parut soutenir contre le second, ne fut point l'effet choquant & coupable d'une inimitié réelle ; c'étoit une sorte de jeu poétique placé dans le cercle de ses amusemens ; ce fut au plus le résultat du projet qu'il avoit formé de modérer l'enthousiasme exagéré des partisans de son émule, à côté duquel on sembloit ne vouloir admettre aucun autre Poëte.

Ecartons donc, écartons sans retour de notre célébre Compatriote, tout soupçon de haine & d'envie : ne flétrissons point sa

---

(1) Cette anecdote a été communiquée par un Homme de Lettres de Paris, Compatriote de Piron. Ce que celui-ci dit de M. de Voltaire & de lui-même dans les Stances dédicatoires à M. de Maurepas, tome 3, page 212, confirme ce que l'on vient d'avancer.

mémoire par la honteuſe ſuppoſition de ces paſſions baſſes, cruelles & mépriſables. Leur noir poiſon n'infecta jamais ſon ame généreuſe ; il fut peut-être plus remarquable encore par la délicateſſe de ſes ſentimens, que par ſes talens & ſes Poéſiès.

Les actions ne forment point, il eſt vrai, la grandeur propre d'un Ecrivain, l'eſſence de ſon état ; mais elles conſtituent celle de l'homme, du Citoyen, du pere de famille. Que devrions-nous penſer des Gens de Lettres, s'ils jetoient un coup d'œil fauſſement philoſophique ſur ces qualités ?

Oſeroit-on dire qu'ils jouiſſent de l'étrange prérogative de n'être grands que dans leurs Ecrits ; de ne s'élever par la ſupériorité de leurs penſées, que pour s'avilir aux yeux de la ſaine raiſon, par leur inſociabilité, ou par un mépris criminel des Loix & de la Religion ? Piron fut toujours à l'abri des reproches & du ſoupçon ſur l'un & l'autre point : avoit-il beſoin des reſſources du vice pour plaire & pour immortaliſer ſon nom ?

La nature, en lui prodiguant ſes dons les plus précieux, lui forma un cœur ſenſible, vrai, incorruptible. Répandu dans le monde, il y porta une modeſtie éclairée, une gaieté naïve, des mœurs ſimples, & qui ſemblent peu compatibles avec les grands ſuccès poétiques ; ſa franchiſe, ſon amour pour l'indépendance & pour la liberté, s'y montrérent sans contrainte & sans violer les distances marquées par les conventions politiques ; il rapporta toujours les mêmes sentimens dans le sein de sa famille, dans celui de ses amis.

Si, dans sa jeunesse, les passions égarerent quelques instans son esprit, elles ne flétrirent point son ame ; elles n'en altérerent point la bonté, la droiture, la noblesse : incapable de se plier aux démarches avilissantes que le Dieu des richesses exige souvent pour tribut de ses premieres faveurs, il craignit toujours de s'engager dans les routes dangereuses qui conduisent à la fortune : elle ne le caressa jamais ; mais jamais aussi il ne lui prodigua ses hommages.

Dans tous les temps il exprima vivement la sincérité de ses regrets sur ses premiers écarts ; il en a consacré le repentir dans des monumens poétiques, par lesquels il eût desiré anéantir ceux que ses premieres erreurs avoient élevés ; mais, s'il est permis d'usurper les expressions de ce Poëte, *sa verve les avoit jettés en bronze* ; ils sont à l'abri des impressions destructives du temps.

Entraîné par les charmes de la Poésie, s'il contraria les volontés de son pere, ce ne fut que par l'effet impérieux de son génie ; sa désobéissance justifiée par les succès les plus éclatans, n'affoiblit jamais en lui les devoirs de la piété filiale ; sa résistance doit même être respectée par les censeurs les plus rigides.

Les raisons qui motivérent sa répugnance pour tous les états qu'on lui proposa successivement, ne marquent pas moins la délicatesse du bon Citoyen, que les beaux vers, dont il a embelli le rôle de Damis sur le même sujet, font briller l'agrément & la justesse de l'esprit du Poëte (1).

Piron apprend à tous les hommes, dans cette Scene & dans la Préface de la Métromanie, ce qu'ils se doivent à eux-mêmes & à la Société, lorsqu'ils se décident à y faire des fonctions qui placent indirectement les autres dans leur dépendance.

Aussi digne époux, que fils tendre & respectueux, il n'exista peut-être jamais un homme plus exact à remplir les devoirs sacrés qu'impose le lien conjugal. Une trop grande sensibilité pour quelques événemens domestiques, altéra la raison d'une compagne qui l'intéressoit par les qualités de l'esprit, qui le charmoit par la douceur de son caractere, & à laquelle il devoit une partie de sa fortune (2).

---

(1) Métromanie, acte 3, scene 7.

(2) Journal Encyclopédique, Fév. 1773, fol. 118.

Quelque pénibles que fussent les attentions qu'entraînoit une maladie aussi fâcheuse, il ne voulut en confier le soin à personne : il fit divorce avec les Muses ; il rompit avec la société ; il vit rarement ses amis. Cette captivité volontaire, honorable, mais très-douloureuse pour le cœur le plus sensible, doit exciter l'admiration de toutes les personnes vertueuses.

Ce que Piron fut avec son épouse, il l'eût été avec ses enfans ; il le fut aussi avec ses Compatriotes, avec les Gens de Lettres, avec ses amis.

La qualité de Bourguignon étoit un titre qui le décidoit toujours à un accueil flatteur & prévenant ; pour peu qu'un de ses Concitoyens fût digne de vivre dans sa familiarité, il jouissoit du plaisir piquant d'assister à ces conversations délicieuses où ce Poëte étaloit avec profusion les finesses de la plaisanterie, le feu de l'Epigramme, l'enjouement, la candeur ; enfin, toutes les richesses de l'imagination la plus vive, la plus fleurie, la plus éblouissante. Il suffisoit avec cet homme extraordinaire, de savoir écouter & rire ; près de lui ce rôle étoit naturel, facile, enchanteur.

Refusa-t-il jamais ses conseils, ses secours, la communication de ses lumieres aux Gens de Lettres ? Il eût desiré souvent de pouvoir les animer du feu divin qui l'enflammoit : exact à suivre les préceptes & les exemples que fournissent les chef-d'œuvres de la Grece, de Rome & du siecle de Louis XIV. on l'entendit toujours exhorter les jeunes Poëtes qui s'attacherent à lui, à les lire, à les approfondir, à les imiter.

Presque toutes ses Poésies fugitives furent consacrées à combattre la hardiesse des innovations modernes, à s'opposer aux progrès du mauvais goût ; mais il ne porta jamais ni fiel, ni amertume, ni noirceur, ni atrocité dans ces combats : quoique redouté par ses saillies, souvent caustiques, jamais odieuses, il fut aimé de tous ceux qui le connurent, il ne perdit point l'estime de ses rivaux (1).

Souvent Piron parla du projet qu'il avoit formé de mettre *le Railleur* sur la Scene ; mais ce Poëte n'a rien écrit sur ce caractere malheureusement trop commun. Il seroit d'autant plus avantageux d'en développer les travers, qu'ils portent plus de contrainte & de désordre dans la société ; personne ne pouvoit les dépeindre mieux que cet Auteur, parce que personne n'en avoit mieux saisi les gradations & les nuances ; il en connoissoit

(1) Voyez tous les Ouvrages cités plus haut.

parfaitement l'étendue, les excès, les bornes & les dangers : nous devons croire qu'il eût encore enrichi notre Théatre par cet Ouvrage intéressant, si le soin de sa santé lui eût permis de réaliser ce projet utile.

Sa vue qui fut extrêmement courte dans tous les temps, s'affoiblit à un tel point, les dernieres années de sa vie, qu'il devint presqu'aveugle ; cependant il n'interrompit point sa correspondance épistolaire avec les Gens de Lettres & avec ses amis. Ceux qui étoient à portée de le voir souvent, ne remarquerent aucun changement dans la douceur & les agrémens de son commerce ; son penchant à la plaisanterie, son enjouement, sa vivacité, se soutinrent également dans ses lettres.

L'extrême exactitude de Piron à remplir les devoirs de l'amitié, lui inspiroit assez de courage pour surmonter la multitude d'obstacles que son grand âge & ses infirmités opposoient à ses sentimens.

Ce Poëte justement célebre fut enlevé à la France, dans la quatre-vingt-troisieme année de sa vie ; une chûte, après laquelle il languit long-temps, précipita le moment de sa mort : digne de l'amitié de tous ceux qui vécurent avec lui, sa probité lui assure l'estime de tous les hommes, & ses talens, le suffrage de tous les Gens de Lettres.

Piron est mort ; la France a perdu un bon Citoyen, le Théatre un de ses principaux ornemens, la Bourgogne un des plus grands hommes qu'elle ait produit, l'Académie un des Membres qui l'honoroit, & qu'elle chérissoit le plus. Que de titres pour justifier nos regrets, nos applaudissemens & nos éloges !

FIN.

APPROBATION.

J'AI lu par ordre de Monseigneur le Chancelier, le Manuscrit intitulé, *Éloge de feu M. Piron, par M. Perret, Avocat, de l'Académie de Dijon*; & je n'y ai rien trouvé qui doive en empêcher l'impression. A Paris, le 20 Août 1774. *Signé*, GAILLARD.

www.ingramcontent.com/pod-product-compliance
Lightning Source LLC
LaVergne TN
LVHW010107230826
846091LV00005B/2125

* 9 7 8 2 0 1 1 7 6 8 0 5 6 *